MEINE FREUNDIN, DIE NATUR

WAS WIR ZUSAMMEN ALLES ERLEBEN KÖNNEN

LAURA KNOWLES   REBECCA GIBBON

Atrium Verlag · Zürich

Für Sam, der so gern
durch den Park flitzt, und William,
der sich mit den Schnecken
anfreundet.
LK

Für Jonny …
RG

FSC
www.fsc.org

MIX
Papier | Fördert
gute Waldnutzung
FSC® C002795

Deutsche Erstausgabe
1. Auflage 2024
© Atrium Verlag AG, Zürich, 2024
(Imprint Atrium Kinderbuch)
Alle Rechte vorbehalten
Die Originalausgabe erschien erstmals 2021 unter dem Titel
A Friend to Nature bei Welbeck Editions, ein Imprint von Welbeck Children's
Limited, Teil der Welbeck Publishing Group, London.
Text © 2021 Welbeck Children's Limited
Illustrationen © 2021 Rebecca Gibbon
Aus dem Englischen von Yvonne Hergane
Satz: W1-Media, Hamburg
Druck und Bindung: Livonia Print, Riga, Lettland
ISBN 978-3-85535-177-0

www.atrium-kinderbuch.com
www.instagram.com/atrium_kinderbuch_verlag

Druckprodukt mit finanziellem
Klimabeitrag
ClimatePartner.com/15723-2101-1002

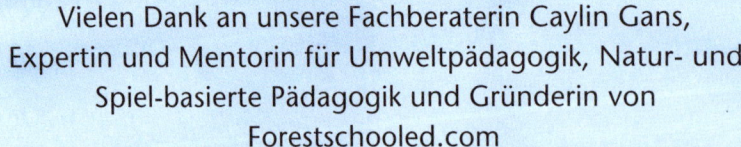
Vielen Dank an unsere Fachberaterin Caylin Gans,
Expertin und Mentorin für Umweltpädagogik, Natur- und
Spiel-basierte Pädagogik und Gründerin von
Forestschooled.com

INHALT

EIN KURZES VORWORT AN ELTERN UND PÄDAGOG*INNEN

Vermutlich haben Sie dieses Buch aus einem bestimmten Grund in die Hand genommen: weil Sie sich wünschen, dass Ihre Kinder mehr Zeit draußen verbringen und eine engere Beziehung zur Natur entwickeln. Vielleicht haben Sie auch das Gefühl, dass wir alle – Kinder wie Erwachsene – zu viel Lebenszeit in geschlossenen Räumen verbringen und die Verbindung zur Natur immer mehr verlieren.

Wenn Kinder keine Gelegenheit bekommen, mit der Natur in Kontakt zu treten, entgeht ihnen dadurch noch so viel mehr: die Chance, selbstständiger zu werden, Entscheidungen zu treffen, Energie zu tanken oder die eigenen Gefühle zu erforschen und zu reflektieren. Es wird ihnen an Empathie für ihre natürliche Umwelt fehlen, die unseren Schutz heute dringender braucht als je zuvor. Doch nicht nur das: Wissenschaftliche Studien belegen, dass Menschen, die als Kind viel Zeit in der Natur verbracht haben, später über eine stabilere psychische Gesundheit verfügen. Eine Kindheit mit vielen Naturerlebnissen ist demnach eine wichtige Grundlage für ein glückliches Leben.

Oft wird angenommen, Kinder müssten durch organisierte Aktivitäten oder Sport beschäftigt werden, um einen ausgeglichenen Alltag zu haben. Tatsächlich ist es jedoch mindestens genauso wichtig, Kinder völlig frei in der Natur spielen und sie dabei ganz sie selbst sein zu lassen. Dafür braucht es keine aufwendige Organisation, nur etwas Zeit und ein Fleckchen Natur.

Ein weiterer Vorteil: Natur findet sich überall – auch in Städten. Natürlich ist es wunderbar, wenn Kinder auf dem Land aufwachsen können. Aber um eine Verbindung zur Natur aufzubauen, braucht es nicht immer die unberührte Wildnis. Viel wichtiger ist, die Natur vor der eigenen Haustür zu entdecken und zu erforschen.

Ich hoffe, dass dieses Buch allen Kindern unabhängig von ihrem Wohnort Ideen und Inspiration bietet, Zeit in der Natur zu verbringen, sie kennen und verstehen zu lernen und von der gemeinsamen Zeit zu profitieren.

SICHERHEITSHINWEISE FÜR DRAUSSEN

In der Natur kann man wunderbar Spaß haben, sich entspannen und eigenständig seine Umwelt erkunden. Aber die Natur birgt auch Gefahren, wenn man sich nicht richtig verhält und einige Sicherheitsregeln nicht beachtet.

DARAUF SOLLTEST DU ACHTEN, WENN DU IN DER NATUR BIST:

- Sorge immer dafür, dass eine erwachsene Person in deiner Nähe oder erreichbar ist.

- Wenn du die Natur auf eigene Faust erkunden möchtest, besprich deinen Plan vorher mit deiner Begleitperson.

- In der Nähe von Seen, Flüssen oder Meeren solltest du besonders vorsichtig sein. Wasser kann unberechenbar und dadurch gefährlich sein.

- Ohne die Hilfe eines Erwachsenen solltest du niemals ein Feuer anzünden oder scharfe Gegenstände verwenden.

- Du solltest auch niemals etwas essen, was du gefunden hast, bevor es eine erwachsene Person gesehen hat!

- Erkundige dich, welche Pflanzen und Tiere du in deiner Nähe erforschen kannst. Wenn du in einer Gegend wohnst, wo es gefährliche oder giftige Tiere gibt, befolge unbedingt die entsprechenden Vorsichtsmaßnahmen und Regeln, damit weder dir noch den Tieren etwas passiert.

- Wenn du von deinem Naturabenteuer zurückkommst, wasch dir unbedingt die Hände, vor allem vor dem Essen.

SO BIST DU FÜR JEDES WETTER GEWAPPNET:

- Trage in Gegenden mit schlammigem oder rutschigem Untergrund Gummistiefel oder Schuhe mit rutschfesten Sohlen.

- Nimm für alle Fälle immer eine Regenjacke mit.

- Vergiss nicht, an warmen Tagen Sonnencreme zu benutzen! Im Frühjahr und Sommer kann die Sonne selbst an bewölkten Tagen so stark sein, dass sie deiner Haut schadet.

- Nimm immer eine Flasche Wasser mit! Die Natur draußen zu erforschen macht besonders an heißen Sommertagen durstig.

DAS FREUNDSCHAFTS-VERSPRECHEN

Hiermit verspreche ich laut und klar,
von heute an und immerdar,
der Natur meine ewige Freundschaft!

Freund*innen kümmern sich umeinander,
hören zu und teilen stets miteinander.
Sie sind nie gierig und nie gemein,
so soll meine Freundschaft zur Natur auch sein.

Ob Mensch, ob Tier, ob uralter Baum,
Freund*innen lassen einander Raum.
Sie fühlen sich in die andern hinein,
so soll meine Freundschaft zur Natur auch sein.

Freund*innen halten zusammen, ganz fest,
sie lassen nicht zu, dass der Mut sie verlässt.
Lassen sich niemals im Stich und allein,
so soll meine Freundschaft zur Natur auch sein.

Hiermit verspreche ich laut und klar,
von heute an und immerdar,
der Natur meine ewige Freundschaft!

DIE NATUR KENNENLERNEN

Wenn du dich mit jemandem anfreundest, interessierst du dich wahrscheinlich sehr für die andere Person. Du verbringst gern viel Zeit mit ihr und erfährst nach und nach immer mehr darüber, was sie mag oder nicht mag. Je besser du die Person kennenlernst und je enger die Freundschaft wird, desto mehr magst du deine Freund*innen und möchtest, dass es ihnen gut geht.

Genauso ist es auch mit der Natur: Je mehr Zeit du draußen in der Natur verbringst und je mehr du dich mit ihr beschäftigst, desto vertrauter wird sie dir, und du wirst lernen, wie du dich um sie kümmern kannst. Wenn du dich also mit der Natur anfreunden willst, beginnst du am besten damit, sie näher kennenzulernen …

VERBRINGE ZEIT MIT BÄUMEN

Es macht Spaß, draußen herumzurennen, laut zu schreien, zu toben und zu lachen.
Aber wenn du die Natur wirklich kennenlernen willst, hilft es, manchmal auch
ganz, ganz still zu sein – wie ein Baum, der selbst ein Teil der Natur ist.
Wenn du ganz still bist, kannst du die Natur mit all deinen Sinnen wahrnehmen
und genau beobachten, was um dich herum passiert.

DIE GERÄUSCHE DER NATUR

Wenn du im Wald, im Park, auf einer Wiese oder an der Küste
unterwegs bist, spiel doch mal das Mucksmäuschenstill-Spiel!
Dafür musst du nur für ein paar Minuten ganz leise sein, dich nicht
bewegen und aufmerksam lauschen. Welche Geräusche kannst
du hören? Sind auch Geräusche dabei, die man in geschlossenen
Räumen niemals hört?

NATURGERÄUSCHE

Bienensummen	Ästeknarren	Insektenzirpen
Wasserplätschern	Regentröpfeln	Fröschequaken
Windrauschen	Zweigeknacken	Vogelgesang

Kannst du noch weitere
Naturgeräusche hören?

FREUNDE DICH MIT EINEM BAUM AN

Such dir einen Baum in deiner Nähe aus und lerne ihn kennen. Schau dir seine Rinde, seine Äste und Blätter an – sieht er genauso aus wie die anderen Bäume um ihn herum? Zeichne ein Bild von ihm oder mach ein Foto. Fertige mit einem Bleistift Rubbelbilder von seiner Borke und seinen Blättern an. Besuch deinen Baumfreund, so oft du kannst, und beobachte, wie er sich im Verlauf der Jahreszeiten verändert. Wirft er im Herbst seine Blätter ab?
Blüht er im Frühling?

BLÄTTER SAMMELN

Sammle so viele verschiedene abgefallene Blätter, wie du finden kannst, und schau sie dir genau an. Weißt du, von welchem Baum sie stammen? Wenn nicht, schlag in einem Baum-Lexikon nach, lade dir eine Bestimmungs-App herunter oder schau zu Hause im Internet nach.

BLÄTTER PRESSEN

Deine gesammelten Blätter kannst du zu Hause zwischen mehrere Lagen Zeitungspapier und dann vorsichtig zwischen die Seiten eines dicken Buches legen. Stapele anschließend weitere Bücher oder andere schwere Gegenstände obendrauf. Nach zwei bis drei Wochen sind die Blätter trocken. Dann kannst du sie zum Beispiel auf Papier aufkleben oder sie mit Nadel und Faden zu einer Girlande auffädeln und damit dein Zimmer dekorieren.

»Schau ganz tief in die Natur, dann verstehst du alles besser.«

Albert Einstein

Albert Einstein war ein sehr kluger Wissenschaftler. Manche bezeichnen ihn sogar als Genie. Was denkst du, was er mit diesem Satz gemeint haben könnte?

BAUE DIR EIN VERSTECK

Frei lebende Tiere sind häufig sehr scheu.
Deshalb lassen sie sich am besten aus einem Versteck heraus
beobachten. So werden sie nicht gestört und können von
sich aus näher kommen. Hier findest du eine Anleitung,
wie du dir ein Versteck bauen kannst.

1. Finde einen Ort, wo es viele Bäume und
   herumliegende Äste gibt, zum Beispiel
   in einem Wald oder Park.

2. Sammle möglichst viele lange,
   dünne Äste, die größer sind als du.

3. Lehne die Äste gegen einen Baumstamm. Am besten eignen sich dafür
   Bäume mit Astgabelungen, in die du
   die Äste einklemmen kannst.

4. Füge immer mehr Äste hinzu, bis die Wand deines
   Verstecks möglichst dicht ist. Du kannst auch Zweige
   und Blätter in die kleineren Löcher stecken. Aber lass
   ein paar Gucklöcher, damit du vorbeilaufende Tiere
   beobachten kannst.

5. Um es bequemer zu haben, leg dir in
   deinem Versteck eine Decke auf den
   Boden. Dann duck dich hinein und
   warte ab, welche Tiere dich besuchen
   kommen!

Lass dir beim Bau deines
Verstecks von einer
erwachsenen Person helfen.
Sie kann prüfen, ob das
Versteck stabil und sicher
ist, bevor du darin
verschwindest.

DIE BESTANDTEILE EINER BLUME

Hast du dir eine Pflanze schon mal genau angeschaut?
Auf dieser Seite siehst du, wie eine Blume aufgebaut ist. Kannst du bei
deinem nächsten Ausflug in die Natur alle Bestandteile finden?
Hinweis: Es gibt viele verschiedene Blumen. Bei einigen sind manche Teile
vielleicht einfacher und bei anderen schwerer zu entdecken.

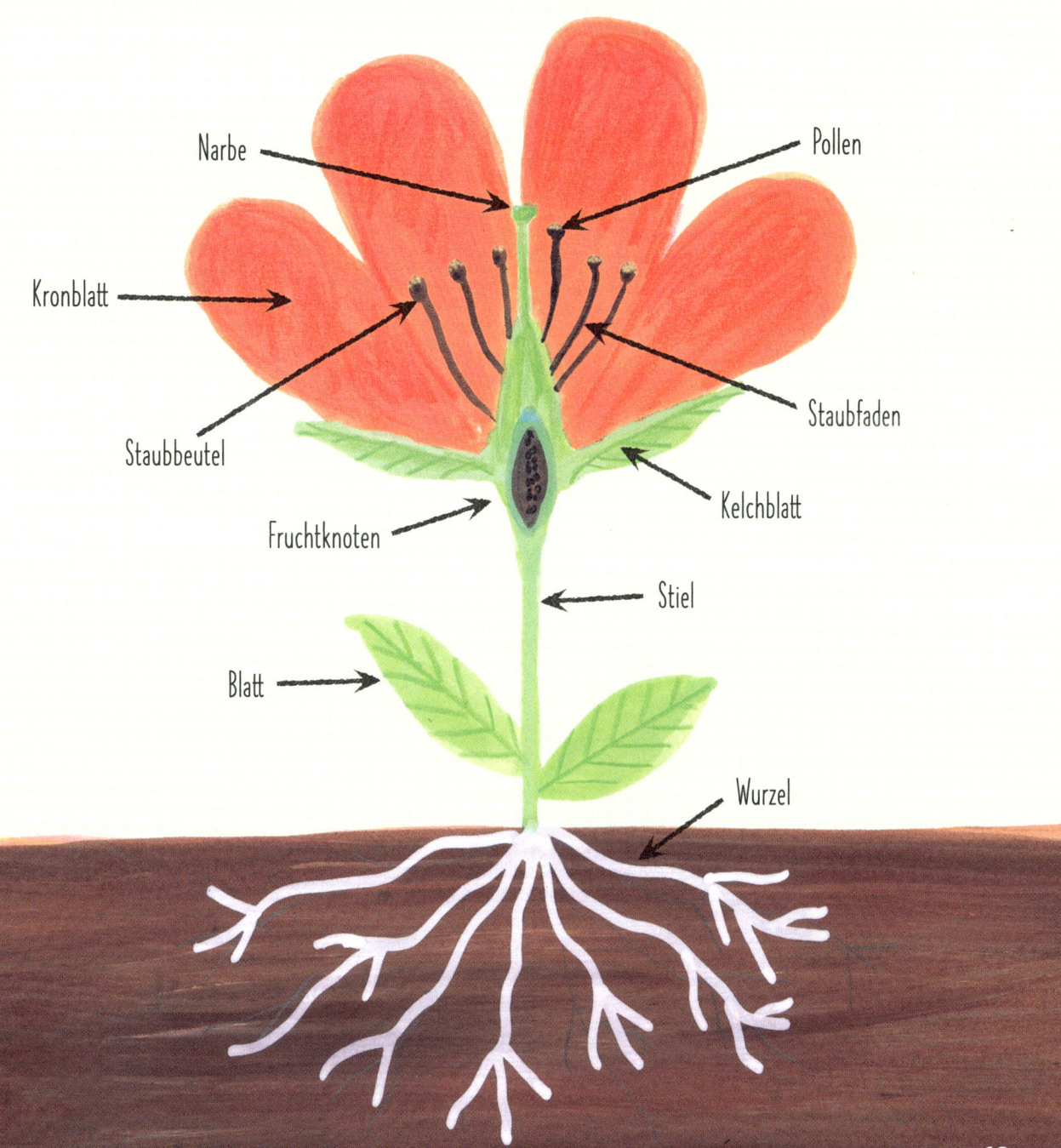

Narbe

Pollen

Kronblatt

Staubfaden

Staubbeutel

Kelchblatt

Fruchtknoten

Stiel

Blatt

Wurzel

GEH AUF KRABBELTIER-SUCHE

Damit sind Insekten, Spinnen, Schnecken und alles, was sonst noch kreucht und fleucht, gemeint. Schau im Gebüsch nach, am Fuß von Bäumen, unter Steinen und herumliegenden Stämmen. Die Tierchen verstecken sich nämlich gern an dunklen, feuchten Stellen.

SUCH UNS!

Hier sind einige der Krabbeltiere, die du auf deiner Suche entdecken könntest, abgebildet. Natürlich sind das nicht alle, denn es gibt unzählige andere Arten von Krabbeltieren. Kannst du rund um dein Zuhause auch noch andere Arten entdecken?

Schnecke

Nacktschnecke

Biene

Assel

Stabheuschrecke

Raupe

Marienkäfer

Tausendfüßler

Spinne

Libelle

Regenwurm

Mistkäfer

Schildwanze

Ameise

Mach von allen Krabbeltierchen, die du findest, Fotos oder zeichne sie, aber lass die Tiere immer dort, wo du sie gefunden hast.

GESCHICHTEN-SPAZIERGANG

Mach einen Spaziergang und denk dir dabei Geschichten über alles aus, was dir unterwegs begegnet. Wenn du mit deiner Familie oder Freund*innen unterwegs bist, könnt ihr die Geschichte auch abwechselnd weitererzählen. Wohin wird euch eure Fantasie wohl führen?

Das hatte furchtbare Angst vor dem tiefen dunklen Wald. Deswegen blieb es immer ganz weit oben in den Wipfeln eines alten Baumes …

Es war einmal ein schüchternes Eichhörnchen.

… der aber kein normaler Baum war, sondern der allerälteste, allerhöchste Baum im ganzen Wald. Und nicht nur das: Er war auch ein Zauberbaum …

DER LEBENSZYKLUS EINES SCHMETTERLINGS

Menschen verändern sich im Lauf ihres Lebens, wenn sie von einem Kind zu einer erwachsenen Person werden. Aber das ist noch gar nichts im Vergleich zu den Verwandlungen, die eine Raupe erlebt, um zu einem wunderschönen Schmetterling zu werden.

1. Ei
Schmetterlinge legen ihre Eier auf oder unter Blätter, von denen sich die Baby-Raupen ernähren können, sobald sie aus dem Ei schlüpfen.

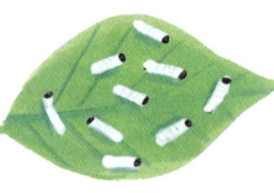

3. Raupe
In den nächsten Wochen wirft die wachsende Raupe vier oder fünf Mal ihre alte Haut ab, um genügend Platz für ihren immer größer werdenden Körper zu haben.

2. Baby-Raupe
Wenn sie schlüpfen, sind die Raupen noch winzig. Sie müssen eine Menge Blätter mampfen, um groß genug zu werden und sich weiterentwickeln zu können.

4. Kokon
Wenn die Raupe groß genug ist, sucht sie sich einen sicheren Ort, um dort einen Kokon zu bauen. Die meisten Raupen spinnen ihren Kokon aus einem seidenen Faden, den sie selbst produzieren.

7. Schmetterling
Der Schmetterling flattert davon, um einen Partner zu finden und Eier zu legen. So beginnt der Lebenskreis von Neuem!

6. Sich entpuppender Schmetterling
Wenn der Schmetterling voll ausgebildet ist, schlüpft er aus seinem Kokon. Anschließend wartet er, bis sein neuer Körper hart wird. Dann pumpt er Blut in seine Flügel, damit sie sich entfalten und er fliegen kann.

5. Puppe
Eine Raupe, die sich einen Kokon gesponnen hat, nennt man Puppe. Im Inneren des Kokons verwandelt sich die Puppe in einen Schmetterling. Diesen Vorgang nennt man Metamorphose.

AUFBAU EINES SCHMETTERLINGS

An warmen Frühlings- und Sommertagen flattern Schmetterlinge auf der Suche nach Blütennektar durch die Gegend. Deswegen sind Blumengärten und Wildblumenwiesen ihre liebsten Ziele – und die besten Orte, um Schmetterlinge zu beobachten. Wenn du dich ihnen vorsichtig näherst, kannst du vielleicht sogar ihre einzelnen Körperteile erkennen:

Kopf

Fühler

Auge

Vorderflügel

Hinterflügel

Saugrüssel (ein langer Schlauch, der wie ein Trinkhalm funktioniert)

Hinterleib

Beine (Schmetterlinge haben sechs Beine. Aber die vorderen zwei sind oft so klein, dass man sie nur schwer erkennt.)

Brust

»Ein Schmetterling zählt nicht Monate, sondern Momente, und hat so immer genug Zeit.«

Rabindranath Tagore, bengalischer Dichter und Literatur-Nobelpreisträger

WIRF EINEN BLICK NACH OBEN

Wenn du die Natur kennenlernen willst, solltest du nicht nur auf die kleinen Dinge um dich herum achten, wie Blumen und Insekten. Auch der Himmel ist Teil der Natur und einfach riesig! Wirf doch einmal einen Blick nach oben. Hast du schon mal bemerkt, wie die Wolken ihre Form verändern, wenn sie am Himmel vorüberziehen?

WOLKENKUNST

Leg dich auf einer Wiese auf eine Decke und schau zum Himmel hoch. Wie sehen die Wolken aus – schmal und zerfasert oder rund und bauschig? Wie schnell ziehen sie vorbei? Versuche Wolken zu entdecken, die wie Tiere oder andere Dinge geformt sind – vielleicht sieht eine Wolke wie ein Löwe, wie ein Schiff oder wie ein Drache aus? Du kannst auch gemeinsam mit deiner Familie oder Freund*innen abwechselnd nach Wolkenbildern Ausschau halten.

BEOBACHTE DIE STERNE

In klaren Nächten kannst du am Himmel viele Sternbilder sehen. Das sind
Ansammlungen von Sternen, die sich mit unsichtbaren Linien zu bestimmten
Bildern verbinden lassen. Oft gibt es zu den Sternbildern uralte Legenden.
Du kannst natürlich auch eigene Sternbilder am Nachthimmel suchen.

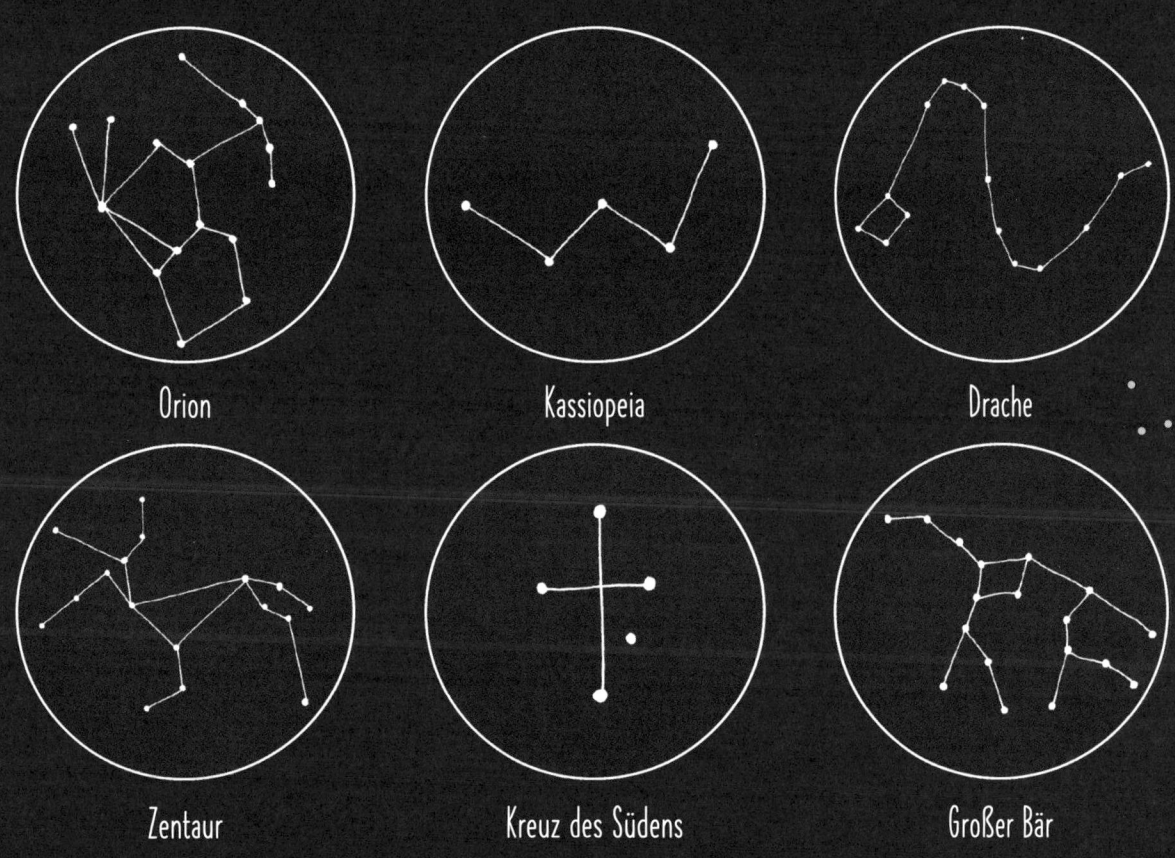

Orion   Kassiopeia   Drache

Zentaur   Kreuz des Südens   Großer Bär

Von der nördlichen Erdhalbkugel aus kann man
andere Sternbilder als von der südlichen Erdhalbkugel
entdecken, weil jeweils nur die entsprechende
Himmelshalbkugel zu sehen ist.

»Wir sind alle aus Sternenstaub gemacht, denn unsere Körper bestehen aus Sternenstaub.
Also tragen wir alle ein bisschen von einem Stern in uns.«

Carl Sagan
amerikanischer Astronom

DER NATUR EIN ZUHAUSE SCHENKEN

Du warst jetzt viel in der Natur unterwegs und hast sie
ein bisschen besser kennengelernt. Vielleicht hast du
Wälder voller rauschender Bäume durchstreift oder Vögel
beobachtet, die hoch am Himmel ihre Runden drehen.
Wie wäre es, wenn du deine neue Freundin, die Natur,
jetzt zu dir nach Hause einlädst? Egal ob du einen eigenen
Garten, einen Balkon oder eine Fensterbank hast –
es gibt viele Möglichkeiten, wie du der Natur ein Stück
Zuhause schenken kannst.

LADE WILDTIERE ZU DIR EIN

Keine Angst, damit sind keine Raubtiere gemeint, sondern in der Wildnis, also frei in der Natur lebende Tiere. Viele Tiere vermeiden offene Flächen, weil sie dort weniger gut vor Fressfeinden geschützt sind. Um einen Ort zu schaffen, wo sie sich sicher fühlen, solltest du ihnen also viele kleine Verstecke bieten.

LASS DAS GRAS WACHSEN

Der einfachste Weg, um Wildtiere anzulocken, ist, die Wiesen in deiner Umgebung wachsen zu lassen. Also weg mit dem Rasenmäher! Schon bald wird die Wildwiese vielen Insekten Schutz und Nahrung bieten. Und von den Insekten können sich wiederum andere Tierarten ernähren. Eine hochgewachsene Wiese ist zum Beispiel super für Igel. Hier können sie sich im hohen Gras unbemerkt fortbewegen und in Ruhe nach Larven und Insekten Ausschau halten.

LASS DIE TIERE REIN

Wildtiere brauchen Rückzugsräume. Aber selbst der tierfreundlichste Garten nützt nicht viel, wenn er nach allen Seiten von Mauern oder Zäunen umgeben ist. Vögel können natürlich daruber hinwegfliegen – Igel, Frösche oder Kröten aber nicht. Diesen Tieren kannst du helfen, indem du eine erwachsene Person bittest, zum Beispiel in einen Holzzaun unten eine Öffnung zu sägen. Ein kleines Loch, das 15 cm hoch und breit ist, reicht völlig aus.

BAUE EIN INSEKTENHOTEL

Egal wie groß oder klein dein Garten ist – ein Insektenhotel findet überall Platz! Jedes »Krabbeltier-Quartier« bietet Insekten einen Ort, an dem sie Winterschlaf halten oder in Ruhe ihre Eier legen können. Du kannst auch kleine Insektenhotels für den Balkon bauen oder deine Lehrerin oder deinen Lehrer fragen, ob deine Klasse ein größeres für die Schule bauen darf.

Nicht vergessen:
Frag vorher auch die Nachbarn,
ob sie mit den Zugängen
einverstanden sind.

Dafür brauchst du:

- **Ziegelsteine**
- **Restholz**, zum Beispiel von alten Paletten
- alte **Dachziegel** oder ein Stück **Dachpappe**
- **Bambusrohr** (in kleine Stücke zersägt)
- **Stroh**
- **Zweige**
- **trockenes Laub**
- **Moos**
- **Baumrinde**
- **Tannenzapfen**
- **Wellpappe**
- alte **Blumentöpfe**
- **Erde**
- **Steine**

1. Suche für dein Insektenhotel eine ebene Stelle an einem Ort, wo die Tiere nicht gestört werden. Frage eine erwachsene Person, ob du dort das Insektenhotel aufbauen darfst.

2. Lege mehrere Ziegelsteine als Bodenplatte aus.

3. Darauf legst du die Holzpaletten oder Holzreste. Stelle weitere Ziegelsteine als Wände an den Rändern auf.

4. Lege eine weitere Holzplatte auf die Wände und baue so eine nächste Etage. Die letzten beiden Schritte kannst du so lange wiederholen, bis dein Hotel hoch genug ist. Pass dabei aber auf, dass dein Hotel immer stabil bleibt.

5. Jetzt kannst du die gesammelten Naturmaterialien in die entstandenen Öffnungen stopfen. Verwende unterschiedliche Materialien, um möglichst viele verschiedene Rückzugsorte für unterschiedliche Insekten zu schaffen.

6. Decke abschließend das Dach des Insektenhotels mit Dachziegeln oder Dachpappe ab, damit es vor Regen geschützt ist. Wenn du Dachpappe verwendest, kannst du sie mit Ziegeln oder Steinen beschweren, damit sie nicht heruntergeweht wird.

7. Jetzt kannst du deinem Insektenhotel einen Namen geben! Wenn du willst, kannst du sogar ein kleines Schild basteln. Fertig ist dein Baukunstwerk!

Das Tolle an einem Insektenhotel ist, dass du alle möglichen Naturmaterialien dafür verwenden kannst, die du zu Hause hast. Falls du einige der aufgelisteten Sachen nicht findest, kannst du sie jederzeit durch andere ersetzen.

FROSCH ODER KRÖTE?

Kannst du Frösche und Kröten voneinander unterscheiden? Beide Tiere gehören zu den sogenannten Amphibien und sehen sich sehr ähnlich. Trotzdem weisen sie auch Unterschiede auf. Je nachdem, wo du wohnst, wirst du vielleicht einige der Tiere antreffen. Und so kannst du sie auseinanderhalten:

ICH BIN EIN FROSCH

Ich habe eine glatte, glänzende Haut.

Ich habe ein spitzes Maul.

Ich habe lange Beine und springe gern.

Mein Froschlaich (meine Eier) treibt als glibberiger Klumpen im Wasser.

Ich halte mich meistens in der Nähe von Wasser auf.

ICH BIN EINE KRÖTE

Ich habe ein breiteres Maul.

Meine Haut ist trocken und hubbelig, wie mit Warzen bedeckt.

Mein Krötenlaich (meine Eier) treibt in Form von langen Schnüren im Wasser.

Mich kann man auch weiter von Gewässern entfernt antreffen.

Meine Beine sind kürzer, und ich krieche lieber, als zu springen.

DIE AMEISE

Komm, mein Kind, komm ganz leise,
schau sie dir an, die Ameise.
Arbeitet von früh bis spät,
im Wald, im Feld, im Blumenbeet.
Hat keine Zeit zum Faulsein und
zum Bällchenholen wie ein Hund.
Sie holt die Nahrung für ihr Volk,
mit sehr viel Fleiß und viel Erfolg.
Ohne Schlaf und Ruh und Rast
flitzt sie flink in aller Hast.
Eifrig sammelt die Ameise
auf ihre wuselige Weise
alles, was sie brauchen kann.
Und lässt kein andres Tier daran!

Oliver Herford

LEGE EINEN MINI-TEICH AN

Um einen schönen Wasserplatz anzulegen, der Frösche, Molche, Libellen und andere Teichtiere anlockt, brauchst du gar nicht viel. Eine stabile Wanne reicht bereits aus, damit du schon bald Tierbesuch bekommst.

Dafür brauchst du:

- **ein stabiles Gefäß**, zum Beispiel eine alte Schüssel, ein altes Spülbecken (samt Stöpsel), eine Wanne oder einen großen Blumentopf
- **Teichfolie** (falls dein Gefäß nicht wasserdicht ist)
- **Sand oder Kies**
- **Steine**
- **Teichpflanzen**, die in deiner Gegend wachsen und das Wasser in deinem Teich mit Sauerstoff anreichern
- **einen Spaten**

1. Suche dir eine passende Stelle für deinen Mini-Teich und frage eine erwachsene Person, ob du deinen Teich dort bauen darfst.

2. Stelle das Gefäß dort auf, um zu sehen, wie groß das Loch dafür sein muss.

3. Wenn dein Gefäß nicht wasserdicht ist, lege es mit einem Stück Teichfolie aus.

4. Grabe nun das Loch für deinen Teich. Es sollte so tief sein, dass du das Gefäß bis zum Rand hineinstellen kannst.

5. Stelle das Gefäß in das Loch und fülle alle Lücken drum herum mit Erde auf, sodass alles fest sitzt.

6. Fülle eine Schicht Kies oder Sand in das Gefäß, bis der Boden bedeckt ist.

7. Lege Steine um den Teich herum, damit ein natürlicher Übergang entsteht.

8. Füll den Teich mit Wasser auf. Am besten eignet sich Regenwasser. Wenn du Leitungswasser verwenden musst, lass es vorher 24 Stunden stehen, bevor du es in deinen Teich füllst.

9. Setze ein oder zwei Teichpflanzen in deinen Mini-Teich, die das Wasser mit Sauerstoff anreichern. Wenn noch Platz ist, kannst du zum Beispiel auch zusätzlich Wasserpflanzen einsetzen, die an der Wasseroberfläche wachsen.

10. Jetzt musst du nur abwarten, bis die ersten Teichbewohner in ihr neues Zuhause einziehen.

BAUE EINE VOGELTRÄNKE

Wenn es draußen heiß und trocken ist, haben auch Vögel großen Durst. Hilf deinen gefiederten Freunden und stelle einen breiten tiefen Teller voll Wasser auf, in dem sie trinken und baden können. Auch ein großer Blumentopfuntersetzer oder ein umgedrehter Mülltonnendeckel eignen sich perfekt dafür. Stelle deine Vogeltränke auf eine freie Fläche, wo die Vögel jederzeit sehen können, ob Katzen oder andere Raubtiere in der Nähe lauern. Vergiss nicht, das Gefäß regelmäßig zu reinigen und Wasser nachzufüllen.

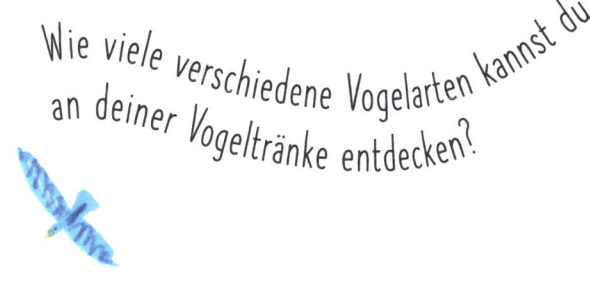

Wie viele verschiedene Vogelarten kannst du an deiner Vogeltränke entdecken?

BAUE EINE FROSCHBURG

Frösche brauchen nicht nur Wasser. Wenn der Winter kommt, halten sie nach einem Platz Ausschau, an dem sie die sogenannte Winterstarre halten können (mehr dazu auf S. 44). Du kannst ihnen helfen, indem du ihnen eine sichere Froschburg baust. Dafür musst du nur in einer Ecke deines Gartens einen Steinhaufen aufschichten, unter dem sich die Frösche verkriechen können. Du kannst auch alte Blumentöpfe verwenden. Wenn die Burg fertig ist, solltest du sie in Ruhe stehen lassen und auf keinen Fall wieder abbauen – sonst könntest du einen überwinternden Frosch stören.

BAUE EINEN NISTKASTEN

Lass dir dabei aber unbedingt von einer erwachsenen Person helfen.
Vielleicht kannst du schon bald ein Vogelpärchen dabei beobachten,
wie es dort seine Eier ablegt.

Dafür brauchst du:

- **ein Holzbrett**, das 15 cm breit,
  133 cm lang und 1,5 cm dick ist (das
  Holz sollte ein FSC-Siegel haben,
  also nachhaltig produziert und nicht
  chemisch behandelt worden sein)
- **ein Stück wasserdichtes Material**
- **Holzleim**
- **Nägel**
- **Schrauben**
- **eine Säge**
- **einen Hammer**
- **einen Schraubendreher**
- **einen Holzbohrer**
  (mit Forstnerbohrer-Aufsatz)
- **einen Bleistift**
- **ein Lineal**

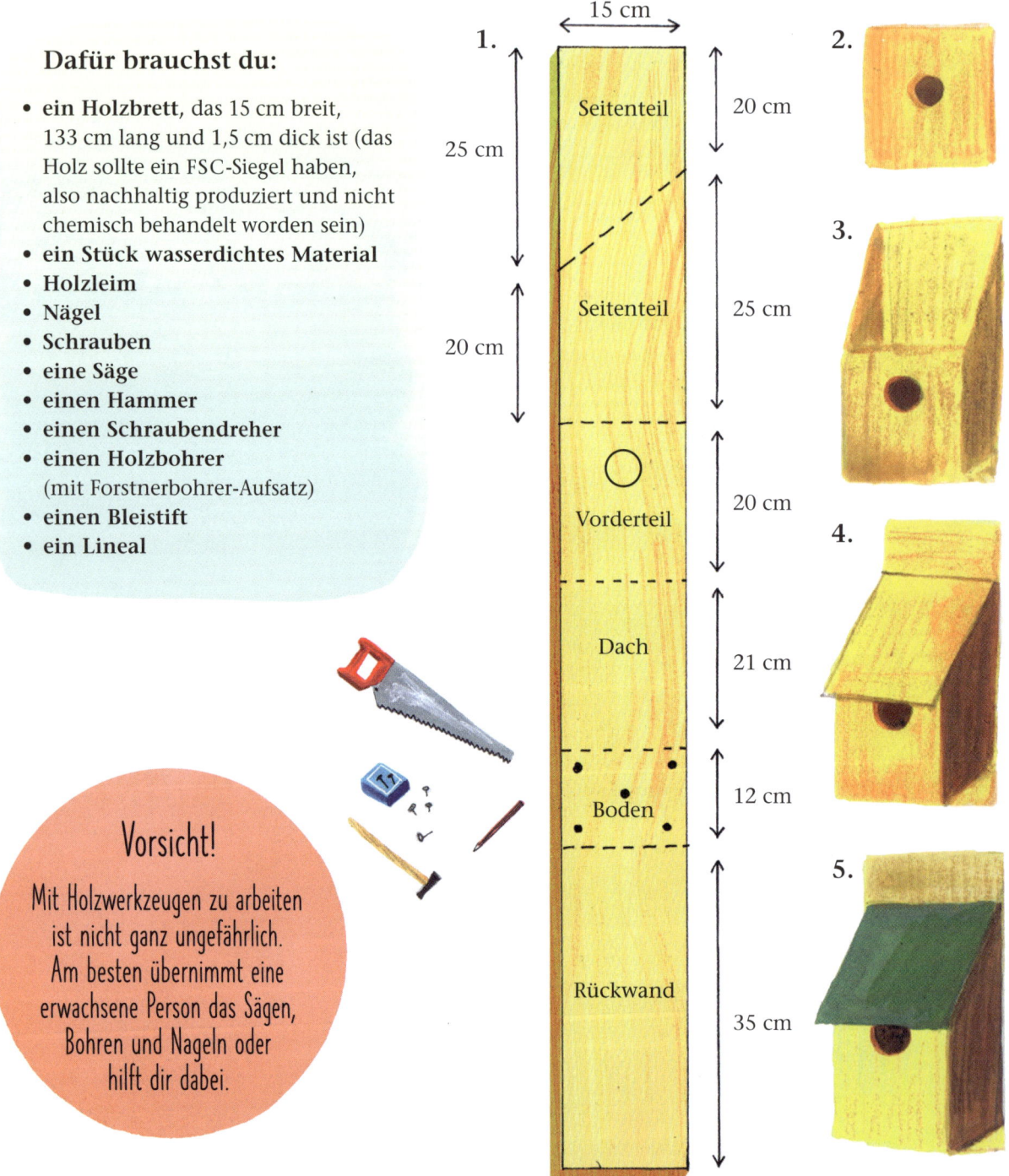

Vorsicht!

Mit Holzwerkzeugen zu arbeiten
ist nicht ganz ungefährlich.
Am besten übernimmt eine
erwachsene Person das Sägen,
Bohren und Nageln oder
hilft dir dabei.

1.

15 cm

25 cm

Seitenteil — 20 cm

Seitenteil — 25 cm

Vorderteil — 20 cm

Dach — 21 cm

Boden — 12 cm

Rückwand — 35 cm

20 cm

2.

3.

4.

5.

1. Miss die Teile für den Nistkasten nach den links angegebenen Maßen auf dem Holzbrett aus und zeichne mit dem Bleistift die Schnittlinien auf, damit du später nicht durcheinanderkommst.

2. Säge gemeinsam mit einer erwachsenen Person die Teile für deinen Nistkasten entlang der Linien aus dem Holz. Bohrt anschließend kleine Löcher in den Boden (wie auf der Zeichnung links) und ein rundes Loch (Durchmesser: 3,2 cm) in das Vorderteil.

3. Nagelt dann die beiden Seitenteile, das Vorderteil und die Rückwand von außen an den Boden.

4. Befestigt das Dach mit Schrauben, sodass du es nach der Brutsaison wieder abnehmen und den Nistkasten reinigen kannst.

5. Klebt das wasserdichte Material (zum Beispiel Dachpappe oder Gummi) auf das Dach, damit kein Regenwasser in den Nistkasten dringen kann.

6. Bohrt oben und unten Löcher in die Rückseite und bringt den Nistkasten an dem dafür vorgesehenen Platz an.

Dein Nistkasten sollte an einem geschützten Ort angebracht werden, außerhalb der Reichweite von Katzen und anderen Raubtieren, und nicht in der prallen Sonne. Befestige ihn mindestens drei Meter über dem Boden an einer Mauer, einem Pfosten oder einem Baumstamm. Und vergiss nicht, vorher die Erlaubnis der Person einzuholen, der das Grundstück gehört.

VERSCHIEDENE ARTEN VON VOGELNESTERN

Vielleicht denkst du bei einem Vogelnest immer an ein rundes,
schüsselförmiges Nest aus Zweigen, das in einer Astgabel liegt. Es gibt aber
viele verschiedene Nestarten. Hier sind einige von ihnen abgebildet.
Kannst du sie auf deinen Ausflügen durch die Natur entdecken?

SCHÜSSELFÖRMIGES NEST

Das ist wahrscheinlich die bekannteste Nestart.
Das Nest ist wie eine Schale geformt und wird
meistens in Astgabeln gebaut. Es besteht aus
verschiedenen Materialien wie Zweigen,
Blättern, Moos, Tierhaaren, Baumwollfasern
oder manchmal sogar Spinnennetzen.
Vögel, die schüsselförmige Nester bauen,
sind zum Beispiel Amseln, Rotkehlchen,
Blaumeisen, Spatzen und Kolibris.

FASSADENNEST

Manche Vögel, zum Beispiel verschiedene
Schwalbenarten und Mauersegler, bauen
ihre Nester aus lehmiger Erde, die sie in
Pfützen sammeln, mit ihrem Speichel und
Grashalmen mischen und zu einer festen
Masse verkleben. Wie der Name schon
verrät, kleben Fassadennester an Fels-,
Höhlen- oder Hauswänden.

KUGELNEST

Diese wunderschönen Nester werden aus Grashalmen gewoben und hängen von Baumzweigen herab. Vögel, die Kugelnester bauen, sind zum Beispiel Pirole und Webervögel.

HORST

Horste sind riesige Nester, die ganz oben in Baumwipfeln, auf Felsvorsprüngen oder auf Dächern gebaut werden. Sie bestehen hauptsächlich aus Ästen und werden oft jedes Jahr wieder bewohnt. Zu den Vögeln, die Horste bauen, gehören Adler, Habichte, Störche und Reiher.

BODENNEST

Wo du diese Nestart findest, verrät bereits der Name. Bodennester bestehen aus gesammeltem Nistmaterial, das in einer flachen Kuhle zu Haufen geschichtet wird. Manche Vögel nutzen dafür Zweige, andere weiches Gras oder Laub, Schlamm oder sogar Steine. Viele Wasservögel bauen diese Art von Nest, zum Beispiel Schwäne, Flamingos und Pinguine.

ANDERE NESTARTEN

Es gibt noch viele weitere Arten von Nestern, und manchmal bemerkt man sie erst, wenn ein Vogel daraus hervorflattert oder hineinfliegt. Manche Vogelarten wie Spechte bauen ihre Nester in Baumhöhlen. Andere, wie Höhleneulen oder Eisvögel, nutzen dafür Löcher im Boden oder röhrenförmige Höhlen in Lehmgruben. Wenn du also irgendwo ein merkwürdiges Loch entdeckst, sei vorsichtig. Es könnte das Zuhause winziger Vogeljungen sein!

GEH AUF SPURENSUCHE

Wenn du in deiner Umgebung gemütliche Zufluchtsorte für Wildtiere geschaffen hast, wirst du nach und nach immer mehr Besuch von ihnen bekommen. Aber woher weißt du, wer dich genau besucht hat, wenn du nicht da warst? Ganz einfach – indem du Spuren lesen lernst!

WER HAT HIER SEINE SPUREN HINTERLASSEN?

Auf weichem, matschigem oder schnee-bedecktem Boden kann man jede Menge Fußabdrücke entdecken. In der Stadt wirst du vermutlich andere finden als auf dem Land. Und natürlich hängt es auch davon ab, wo genau du lebst. Hier siehst du einige Fußspuren, die du vielleicht entdeckst.

Vogel · Hund · Hase · Reh · Fuchs · Ente · Pferd · Bär · Wildschwein · Opossum · Wombat · Waschbär

Wenn du nicht sicher bist, von welchem Tier die Fußabdrücke stammen, mach ein Foto davon und suche zu Hause im Internet danach.

ANDERE TIERSPUREN

Neben Fußabdrücken gibt es noch
andere Hinweise, die dir verraten,
dass Wildtiere in deiner Nähe
unterwegs waren:

Achtung!

Pass bitte gut auf, was
du anfasst.
Und wasch dir hinterher
immer gründlich
die Hände!

FELL ODER HAARE

Kleine Fellbüschel, die sich in tief hängenden
Ästen oder an einem Zaun verfangen haben,
könnten von Kaninchen, Füchsen oder
Damwild stammen.

TIERKOT

Kleine runde Köttel könnten
zum Beispiel von einem Hasen oder
einem Reh stammen.

GEWÖLLE

Eulen würgen nach dem Fressen manchmal
ein sogenanntes Gewölle hervor, das man
deshalb oft unter Bäumen findet. Das Gewölle
enthält die winzigen Knochen und Fellreste
der Beutetiere (meist Mäuse), die die Eulen zu
sich genommen haben.

FEDERN

Wenn du eine Feder findest, weißt du, dass
sich an dieser Stelle mindestens ein Vogel
aufgehalten hat. Kannst du herausfinden, von
welchem Vogel die Feder stammt?

NUSSSCHALEN

Wenn du Nussschalen mit Fressspuren
gefunden hast, haben sich an dieser Stelle
vermutlich Eichhörnchen ein Festmahl
gegönnt.

TRAMPELPFADE

Manchmal kann man in hochgewachsenen
Wiesen anhand der zertretenen Grashalme
kleine Wege entdecken. Diese könnten zum
Beispiel von einem Fuchs stammen.

DIE NATUR MIT NAHRUNG VERSORGEN

Nachdem du nun die Natur zu dir nach Hause eingeladen hast, kannst du dich auch weiter um sie kümmern. Denn gute Freund*innen sorgen auch füreinander. Wir Menschen rauben allerdings zum Beispiel Wildtieren mit unseren großen Häusern, den breiten Straßen und den hohen Mauern einen großen Teil ihres Lebensraums, in dem sie normalerweise ihre Nahrung finden. Und obwohl wir meistens nicht dieselben Sachen wie Wildtiere essen, können wir sie trotzdem bei ihrer Nahrungssuche unterstützen. In diesem Kapitel findest du gleich mehrere Möglichkeiten dafür.

EIN FESTMAHL FÜR DIE TIERE

Um Nahrung für Wildtiere zu beschaffen, kannst du Pflanzen ansäen, von denen sich die Tiere ernähren. Blütenreiche Pflanzen ziehen Schmetterlinge, Bienen und andere Pollen sammelnde Insekten an, während Eichhörnchen und Vögel die Samen, Beeren und Nüsse von Büschen und Bäumen fressen.

VOM PUSTEN UND BLASEN

Wann hast du zuletzt die Samen einer Pusteblume weggeblasen und dir dabei etwas gewünscht? Pusteblumen bringen nicht nur Glück – sie sind auch Nahrung für Bienen und Schmetterlinge. Wenn man die flauschigen Samen wegpustet, schweben sie wie winzige Fallschirme davon und sinken dann an anderen Stellen herab, wo sie zu neuen Löwenzahnpflanzen herankeimen. Wenn du also die Samen einer Pusteblume verteilst, hilfst du dabei, neue Nahrung für Insekten entstehen zu lassen.

SÄE EINE WILDBLUMENWIESE

Egal wie klein dein Garten ist – für Wildblumen findet sich immer ein Plätzchen. Am besten säst du Wildblumen, die in deiner Gegend heimisch sind. Dann ist die Chance groß, dass sie auch tatsächlich wachsen. Wenn du keinen eigenen Garten hast, kannst du die Wildblumen auch in einem großen Blumentopf oder einem Blumenkasten anpflanzen. Inzwischen gibt es auch immer mehr öffentliche Plätze und Wiesen, an denen Wildblumen ausgesät werden, um Bienen und anderen Insekten Nahrung zu bieten.

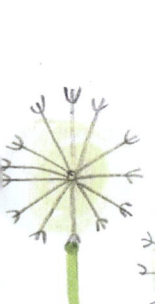

Achtung!

Auch wenn du dich vielleicht ärgerst, weil Insekten oder Schnecken deine schönen Pflanzen anknabbern, versprüh bitte niemals Pestizide, also Pflanzenschutzmittel mit chemischen Giftstoffen! Diese fügen allen Tieren Schaden zu, nicht nur den sogenannten Schädlingen. Wenn du Erwachsene kennst, die solche Gifte versprühen, bitte sie freundlich, damit aufzuhören.

1. Suche eine sonnige Rasenstelle, ein leeres Blumenbeet oder einen Blumenkasten. Je mehr Fläche du zur Verfügung hast, umso besser. Vergiss aber nicht, um Erlaubnis zu fragen, ob du deine Blumenwiese dort aussäen darfst.

2. Wenn du die Samen auf einer Rasenfläche aussäen willst, musst du vorher erst die Grasnarbe entfernen, also die oberste Erdschicht, in der das Gras wächst. Das kann ziemlich anstrengend sein, also lass dir vielleicht von einer erwachsenen Person helfen.

3. Entferne eventuell vorhandenes Unkraut. Grabe anschließend die Erde um und zerkleinere sie, bis keine großen Klumpen mehr vorhanden sind.

4. Wenn du verhindern willst, dass Unkraut nachwächst, decke die Erde ein paar Wochen lang mit einer schwarzen Plastikfolie ab.

5. Verteile dann die Samenmischung gleichmäßig auf der Fläche. Befolge dabei die Anleitung und Hinweise auf der Packung.

6. Gieße die Fläche regelmäßig, um die Erde feucht zu halten. Schon bald sollten die ersten Wildblümchen sprießen.

WAS SIND BESTÄUBER?

Bestäuber sind Tiere wie zum Beispiel Insekten, Vögel oder Fledermäuse, die von Blüte zu Blüte fliegen, um Nektar oder Pollen zu sammeln. Dabei übertragen sie den Pollen von einer Blüte zur anderen. Wenn die Blüten zur selben Pflanzenart gehören, wird die Blüte dadurch bestäubt. Das heißt, dass sie Früchte und Samen ausbilden kann, aus denen wieder neue Pflanzen heranwachsen können.

WIE FUNKTIONIERT DIE BESTÄUBUNG?

Honigbienen sammeln Nektar und Pollen aus den Blüten, um damit ihren Bienennachwuchs zu füttern und Honig herzustellen. Doch dabei bestäuben sie auch die Blüten, in die sie fliegen.

1. Die Biene fliegt zu einer Blüte, um Pollen aufzunehmen. Einiges davon bleibt an ihrem flauschigen Körper haften.

2. Die Biene fliegt weiter zu einer anderen Blüte, um mehr Pollen zu sammeln.

Griffel (an dessen oberem Ende befindet sich die Narbe)

Pollen

Fruchtknoten

3. Dabei streift der Pollen von der ersten Blüte die Narbe der zweiten Blüte.

4. Der Pollen wandert über die Narbe am Griffel nach unten und befruchtet das Ei im Inneren des Fruchtknotens. Das befruchtete Ei wächst zu einem Samenkorn heran, aus dem eine neue Pflanze entstehen kann.

Staubblatt (besteht aus Staubbeutel und Staubfaden)

WARUM IST DIE BESTÄUBUNG SO WICHTIG?

Ohne die Bestäubung könnten sich viele Pflanzenarten nicht vermehren, und die Tiere, die sich von ihnen ernähren, würden aussterben. Auch wir Menschen brauchen Bienen, damit sie unsere Nutzpflanzen bestäuben, sonst könnten wir nicht genug Nahrung produzieren. Viele Bestäubertiere sind bedroht, weil Menschen ihre Lebensräume zerstört haben oder sie durch Pestizide töten. Bestäuber brauchen also dringend unsere Hilfe!

RETTE DIE BIENEN

Wenn du in deiner Wohnung oder deinem Haus eine Biene entdeckst, die anscheinend nicht mehr fliegen kann, kannst du ihr helfen! Vielleicht hat sie nicht genug Blüten gefunden, aus denen sie Nektar trinken konnte, und braucht nun dringend etwas Nahrung. Tropfe ein bisschen Zuckerwasser auf einen Teelöffel oder in einen Flaschendeckel und schieb ihn vorsichtig der Biene hin, damit sie den süßen Sirup

trinken kann. Pass auf, dass du die Biene nicht berührst – nicht dass du gestochen wirst! Sobald die Biene genug getrunken hat, wird sie vermutlich wieder fit genug sein, um weiterzufliegen.

EIN BIENENBUFFET

Am besten hilft man Bienen und anderen Bestäubertieren, indem man
Blumen anpflanzt, die vom Frühling bis zum Herbst blühen. Ob du
einen Garten, einen Balkon oder auch nur ein Fensterbrett hast – du kannst
den Tieren auf jeden Fall ein buntes Festmahl bieten.

WINTERHEIDE

Sie blüht schon sehr früh im Jahr
und ist deswegen eine wichtige
Nahrungsquelle für Bienen und
andere Insekten, da um diese Zeit
kaum andere Blumen blühen.
Winterheide mag eher schattige
Standorte, ist also bestens ge-
eignet, wenn du in deinem
Garten oder deiner Woh-
nung nicht viel
Sonne hast.

KORNBLUME

Kornblumen blühen
über einen langen
Zeitraum und ziehen
viele verschiedene
Insekten an.

Hier ist nur eine kleine Auswahl
insektenfreundlicher Pflanzen abgebildet,
die du aussäen kannst. Frag am besten
die Angestellten in deinem Gartencenter,
welche Blumen in deiner Gegend
heimisch sind und am
besten wachsen.

LAVENDEL

Bienen lieben Lavendel. Er mag
sonnige Standorte und wächst
jedes Jahr aufs Neue. Außerdem
duftet Lavendel wunderbar!

KROKUS

Diese kleinen Blumen sprießen
bereits im Frühling aus dem
Boden und geben Insekten einen
wichtigen Energieschub.

So säst du Samen in Blumentöpfen aus:

1. Fülle den Topf mit einer Schicht Blumenerde. Wichtig: Verwende nur Gefäße mit einem Loch im Boden, damit später das Wasser abfließen kann.

2. Lies dir die Anweisungen auf der Samentüte durch. Dort steht, wie tief und mit welchem Abstand du die Samen einsetzen musst.

3. Streue die Samen entsprechend aus und bedecke sie mit einer weiteren Schicht Erde.

4. Gieße die Samen leicht – aber Vorsicht, nicht zu viel, sonst ertrinken sie.

5. Stelle den Topf an einen warmen, sonnigen Platz und gieße immer so viel, dass die Erde ständig feucht bleibt.

6. Nach ein paar Tagen oder Wochen zeigen sich die ersten Pflänzchen – auf deiner Samentüte steht sicher, wie lange du dich gedulden musst.

SONNENBLUME

Diese goldenen Schönheiten sind ein echtes Festmahl für Bienen. Außerdem macht es Spaß, sie anzupflanzen. Wer schafft es, die höchste Sonnenblume heranzuziehen?

COSMEA (SCHMUCKBLUME)

Diese Pflanze ist sehr pflegeleicht und bringt viele insektenfreundliche Blüten hervor, die vom Spätsommer bis zum Herbst blühen.

SCHNITTLAUCH

Schnittlauch lässt sich kinderleicht anpflanzen und schmeckt lecker. Außerdem lieben Bienen seine Blüten.

BAUE VERSCHIEDENE VOGELFUTTERSTATIONEN

Besonders im Winter, wenn sie oft nur wenig Futter finden, können Vögel ein bisschen Hilfe bei der Nahrungssuche gut gebrauchen. Aber auch im Frühling und Sommer sind Futterhäuser sehr willkommen und helfen den Vögeln dabei, ihre Jungen aufzuziehen. Hier sind vier verschiedene Futterstationen, die du leicht selber bauen kannst, um den Tieren durch schwierige Zeiten zu helfen.

Futterstation aus einem Kiefernzapfen

Dafür brauchst du:

- **eine leere Plastikflasche**
- **Vogelfuttermischung**
- **ein Stück Draht**

Dafür brauchst du:

- **einen Kiefernzapfen**
- **Rindertalg** oder **Kokosfett**
- **Vogelfuttermischung**
- **ein Stück Draht**

FUTTERSTATION AUS EINER PLASTIKFLASCHE

1. Als Erstes müssen zwei kleine gegenüberliegende Löcher in den Flaschenhals gebohrt werden. Lass dir dabei am besten von einer erwachsenen Person helfen. Bohrt anschließend weitere kleine Löcher in den Flaschenboden, damit Regenwasser abfließen kann und das Futter nicht schimmelt.

2. Schneide dann in die Mitte der Flasche ein Loch, das groß genug ist, dass ein Vogel durchpasst. Pass aber auf, dass das Loch nicht zu groß wird, sonst fällt das Vogelfutter heraus.

3. Ziehe durch die zwei oberen Löcher einen Draht, an dem du die Futterstation aufhängen kannst.

4. Fülle die Futterstation bis zur unteren Kante des Lochs mit dem Vogelfutter und häng sie an einem geschützten Ort auf.

FUTTERSTATION AUS EINEM KIEFERNZAPFEN

1. Wickle das Stück Draht um den Zapfen. Es sollte lang genug sein, damit du die Futterstation aufhängen kannst.

2. Vermische das Vogelfutter und das Fett in einer Schüssel. Das geht einfacher, wenn das Fett auf Zimmertemperatur aufgewärmt ist.

3. Streiche die klebrige Mischung zwischen die einzelnen Zapfenschuppen, bis alle Löcher gefüllt sind. Lege den Zapfen anschließend für etwa eine Stunde in den Kühlschrank.

4. Häng den Zapfen an einem geschützten Ort auf, zum Beispiel in einem Busch oder Baum.

Futterstation aus
einem Apfel

Futterstation aus einer
Toilettenpapierrolle

Beobachte die Vögel, die
an deine Futterstationen
kommen. Wie viele
verschiedene Arten kannst
du entdecken?

Futterstation aus einer
Plastikflasche

Dafür brauchst du:

- einen Apfel
- Sonnenblumenkerne
- zwei Stöckchen, Essstäbchen
  oder alte Bleistifte
- ein Stück Draht

FUTTERSTATION AUS EINEM APFEL

1. Bitte eine erwachsene Person, den Apfel-
   strunk herauszuschneiden. Mit einem Apfel-
   entkerner geht das noch einfacher.

2. Schiebe die zwei Stöckchen kreuzförmig
   durch den Apfel. Darauf können die Vögel
   sitzen, wenn sie von deiner Futterstation
   naschen. Pass dabei gut auf: Die Stöckchen
   können spitz sein! Hole dir Hilfe, wenn du
   es nicht alleine schaffst.

3. Drücke anschließend die Sonnenblumenkerne in den Apfel. Wenn du willst, kannst
   du sie auch in einem schönen Muster an-
   ordnen.

4. Ziehe den Draht durch das Loch im Apfel
   und häng die Futterstation an einen Baum.

Dafür brauchst du:

- eine Klopapierrolle aus Pappe
- Erdnussbutter
- Vogelfuttermischung
- ein Stück Draht

FUTTERSTATION AUS EINER TOILETTEN-PAPIERROLLE

1. Bestreiche die Klopapierrolle rundherum
   mit Erdnussbutter.

2. Fülle die Vogelfuttermischung auf ein
   Backblech oder einen flachen Teller und
   wälze die Klopapierrolle darin, bis das
   Futter überall daran haftet.

3. Fädele ein Stück Draht durch die Rolle und
   drehe die Enden zusammen.

4. Häng die Futterstation in einen Baum. Sie
   wird bestimmt einige Vögel anlocken!

WIE TIERE ÜBERWINTERN

Jede Tierart hat ihre eigenen Methoden, die kalten, dunklen Winter-
monate zu überstehen. Manche Tiere sind weiterhin draußen unterwegs
und suchen Futter, andere halten Winterstarre oder Winterschlaf, und
wieder andere ziehen im Spätherbst in wärmere Länder.

SICH DEM WINTER ANPASSEN

Manche Tiere sind auch im Winter aktiv.
Sie sammeln Futtervorräte und fressen sich
bis zum Spätherbst dicke Fettschichten als
Reserve an. Außerdem wächst ihnen ein
dichteres Fell, das sie im Winter warm hält.
Auch die Fellfarbe kann sich bei Tieren verändern. In Regionen mit viel Schnee bekommen beispielsweise Füchse oder Hasen ein
weißes Fell, um im Schnee getarnt zu sein.

WINTERRUHE, WINTERSCHLAF UND WINTERSTARRE

Bei der Winterruhe schlafen die Tiere sehr viel,
wachen aber zwischendurch immer wieder
auf, um zu fressen. Winterschläfer schlafen
zum Teil mehrere Monate am Stück, ohne
zwischendurch zu fressen. Bei der Winterstarre
erstarren die Tiere komplett und erwachen
erst wieder im Frühling.

IN WÄRMERE GEGENDEN ZIEHEN

Im Herbst ziehen viele Vogelarten nach Süden,
weil es dort wärmer ist und es mehr Nahrung
gibt. Auf ihren Reisen legen sie Tausende
von Kilometern zurück. Die Vögel wissen
instinktiv, wohin sie fliegen müssen. Wissenschaftler*innen vermuten, dass sie sich am
Magnetfeld der Erde orientieren, die Sonne als
Kompass benutzen und all ihren Sinnen ver-
trauen.

VOGEL IM SONNENSCHEIN

Du schöner Vogel im Sonnenschein,
wie fühlt es sich an, du zu sein?
Dich bis zum Himmel hochzuschwingen,
dein Lied in alle Welt zu singen,
dich über Wipfel zu erheben,
weit über Feld und Flur zu schweben?
Wie wohnt es sich in einem Baum,
das Nest gepolstert mit weichem Flaum,
wo aus den Eiern Junge schlüpfen,
die zwitschernd auf den Nestrand hüpfen?
Du schöner Vogel im Sonnenschein,
wie fühlt es sich an, du zu sein?

Annette Wynne

DIE NATUR RESPEKTIEREN

Wildtieren geschützte Orte und Futter anzubieten,
ist ein wichtiger Beitrag, um für die Natur da zu sein.
Doch bei einer engen Freundschaft geht es auch darum,
sich um den anderen zu kümmern, auch wenn es für einen
selbst mal unbequem ist oder keinen Spaß macht. Darauf zu
achten, was deine Freund*innen gerade brauchen oder
umgekehrt nicht möchten, ist eine wichtige Voraussetzung
für einen respektvollen Umgang. Genauso müssen wir
auch mit der Natur umgehen – mit Respekt.
So lernen wir am besten, sie zu schützen.

REGELN FÜR DRAUSSEN

Es gibt ein paar Regeln, die du befolgen solltest, wenn du draußen unterwegs bist. Wenn wir uns alle daran halten, können wir die Zeit in der Natur genießen, ohne den Pflanzen und Tieren zu schaden oder andere Menschen zu stören.

RESPEKTIERE ANDERE MENSCHEN

- Achte auf andere Menschen, die auch die Natur genießen.

- Wenn ihr mit dem Auto unterwegs seid, solltet ihr kein Tor und keine Auffahrt zuparken.

- Betritt keine fremden Grundstücke.

- Bleib immer auf vorgesehenen Pfaden.

Wusstest du, dass es zwei Jahre dauert, bis eine Bananenschale vollständig verrottet ist? Essensreste und Müll draußen liegen zu lassen ist nicht nur verboten, sondern verschmutzt die Landschaft und kann Wildtieren schaden.

SCHÜTZE DIE NATUR

- Lass keinen Müll in der Natur zurück.

- Grillen ist nur an den extra dafür ausgewiesenen Stellen erlaubt. Mach auf keinen Fall ein offenes Feuer.

- Wenn du einen Hund hast, achte darauf, dass er nicht unbeaufsichtigt herumstromert und Wildtiere aufscheucht.

- Draußen toben macht viel Spaß! Achte aber darauf, dass dadurch keine Tiere gestört werden.

- Reiße keine Pflanzen aus und brich keine frischen Zweige und Äste von Bäumen.

WER PLÜNDERTE
DEN WALD?

Wer beraubte den Wald,
den arglosen Wald?
Die ahnungslosen Bäume?
Wer stahl Früchte und Moos
für seine eignen Träume?
Er schätzt' es ab und griff sich's dann,
um alles fortzutragen.
Was wird dazu die ernste Tann'
und was die Kiefer sagen?

Emily Dickinson

49

HILF MIT, DIE NATUR SAUBER ZU HALTEN

Draußen in der Natur zu sein, macht keinen Spaß, wenn dort überall Müll herumliegt. Außerdem kann er der Pflanzen- und Tierwelt großen Schaden zufügen. Auch wenn du selbst nie Müll hinterlässt, kannst du der Natur helfen, indem du Müll aufsammelst, den andere liegen gelassen haben.

HIER KANNST DU MÜLL SAMMELN:

- am Strand
- im Park
- im Wald
- entlang von Wanderwegen

Dafür brauchst du:

- **Schutzhandschuhe**, zum Beispiel dicke Arbeitshandschuhe
- **Müllsäcke**
- **eine lange Greifzange**
- **eine Warnschutzweste**, wenn du in der Nähe von befahrenen Straßen sammelst

MÜLLSAMMEL-REGELN

- Beachte die Mülltrennung und recycle später Plastikflaschen und Blechdosen.
- Fass den Müll niemals mit bloßen Händen an, sondern trage immer Schutzhandschuhe und benutze eine Greifzange.
- Wasch dir nach dem Müllsammeln immer gründlich die Hände.
- Geh nicht alleine Müll sammeln. Nimm immer eine erwachsene Person mit.
- Sei besonders vorsichtig bei spitzen Gegenständen, wie Glasscherben.
- Sammle nichts auf, was du nicht kennst. Frag im Zweifel eine erwachsene Person.
- Sammle nicht an gefährlichen Orten, zum Beispiel an stark befahrenen Straßen, an steilen oder rutschigen Abhängen oder am Ufer schnell fließender Gewässer.

Müll sammeln macht mehr Spaß, wenn man es in einer Gruppe macht. Außerdem trägt man gemeinsam viel mehr Müll zusammen als allein. Verabrede dich doch mal mit Freund*innen zum Sammeln oder schließe dich einer organisierten Müllsammelaktion an.

DAS PLASTIK-PROBLEM

Plastik wird unter anderem aus Erdöl hergestellt. Bei der Erdölförderung
wird sehr viel Energie verbraucht und die Umwelt stark verschmutzt.
Außerdem werden viele Dinge aus Plastik nur ein oder wenige Male benutzt,
bevor sie im Müll landen. Doch damit sind sie nicht einfach weg.

>»Es gibt kein weg.
Alles, was wir wegwerfen,
landet am Ende doch irgendwo.«

Annie Leonard,
Expertin für Umweltschutz und
Nachhaltigkeit

Das Schlimme an Plastik ist, dass es Hunderte oder sogar Tausende von Jahren dauert, bis es vollständig zersetzt ist. Wenn wir Dinge aus Plastik wegwerfen, sind sie also nicht einfach verschwunden, sondern landen auf riesigen Müllkippen oder werden verbrannt, was wiederum die Umwelt belastet.

Ein großer Teil des Plastikmülls landet auch in den Ozeanen, wo sich Meerestiere darin verfangen oder die kleinen Plastikteilchen, in die der Müll zerfällt, fressen. Beides kann für die Tiere tödlich sein.

PLASTIK IN ZAHLEN

- Inzwischen werden auf der Welt jedes Jahr mehr als **380 Millionen Tonnen** Kunststoff produziert.
- **40 Prozent** der Plastikprodukte werden nur ein einziges Mal verwendet (zum Beispiel Lebensmittelverpackungen oder Tüten).
- In den Weltmeeren schwimmen inzwischen geschätzt **5,25 Trillionen** Plastik- und Mikroplastik-Teile.
- Jedes Jahr sterben rund **100 000 Meeressäuger** und **Schildkröten** sowie **1 Million Seevögel** durch das herumschwimmende Plastik in den Meeren.

REDUCE, REUSE, RECYCLE!

Das ist englisch und heißt: Reduzieren, Wiederverwenden, Recyceln!
Damit sind drei Möglichkeiten gemeint, wie du nachhaltiger leben kannst.
Wenn wir alle zusammen versuchen, weniger Energie, Plastik und natürliche
Ressourcen zu verbrauchen, können wir gemeinsam einiges bewirken.
Wie viele der folgenden Maßnahmen kannst du mit deiner Familie umsetzen?

REDUZIEREN

🌿 Achte darauf, kein Wasser zu verschwenden. Lass zum Beispiel beim Zähneputzen nicht das Wasser laufen und dusche nur kurz, statt zu baden.

🌿 Dasselbe gilt auch für den elektrischen Strom. Schalte Lampen, den Fernseher und andere Geräte ab, wenn du sie nicht mehr brauchst. Überlege mit deiner Familie, ob ihr in Zukunft energiesparende Glühbirnen verwenden könntet.

🌿 Lege kurze Strecken zu Fuß oder mit dem Fahrrad zurück und fahre längere Strecken mit dem Bus oder der Bahn, statt das Auto zu nutzen.

🌿 Wenn du einkaufen gehst, überlege immer genau, ob du etwas wirklich brauchst.

🌿 Achte darauf, keine Lebensmittel zu verschwenden. Versuche, alle Essensreste rechtzeitig aufzubrauchen, statt sie in die Mülltonne zu werfen.

🌿 Du könntest auch versuchen, weniger Fleisch und Milchprodukte zu essen. Nutztiere zu züchten, verbraucht viel mehr Energie, als Pflanzen anzubauen. Probiere mit deiner Familie oder Freund*innen vegetarische oder vegane Rezepte aus.

WIEDERVERWENDEN

- Verwende wiederbefüllbare Wasserflaschen und Brotboxen.

- Benutze mehrfach verwendbare Tragetaschen aus Stoff anstelle von Einweg-Plastiktüten.

- Kaufe Kleidung und Spielzeug lieber in Secondhandläden oder auf Flohmärkten statt neu.

RECYCELN

- Trenne deinen Müll. Essensreste kannst du zum Beispiel auch kompostieren.

- Altpapier, saubere Verpackungen und andere übrig gebliebene Materialien kannst du wunderbar für Bastelprojekte verwenden.

- Repariere deine alten Klamotten, bastel etwas Neues daraus oder verkaufe sie auf dem Flohmarkt.

Bastele ein Plakat mit den Maßnahmen, die du umsetzen möchtest, und hänge es zu Hause auf, um deine Familie daran zu erinnern, wie viel ihr gemeinsam bewirken könnt.

»Wenn junge Menschen informiert und bestärkt werden und merken, dass ihr Verhalten tatsächlich etwas bewirkt, können sie auf jeden Fall die Welt verändern.«

Jane Goodall
Primaten-Verhaltensforscherin und
Naturschutzexpertin

SICH FÜR DIE NATUR EINSETZEN

Wenn jemand zu deinen Freund*innen gemein
oder ungerecht ist, stehst du nicht untätig daneben,
sondern setzt dich für sie ein, richtig? Denn dasselbe würden
sie auch für dich tun. Diese Unterstützung zu haben, ist
für uns alle sehr wichtig. Und das gilt auch für die Natur!
Da die Natur nicht für sich selbst sprechen kann, ist es unsere
Aufgabe, ihr eine Stimme zu geben, damit auch andere
Menschen begreifen, was sie braucht. Vielleicht denkst
du jetzt, dass du als einzelne Person sowieso nicht viel
ausrichten kannst. Auf den nächsten Seiten kommen
ein paar Ideen, die dir zeigen, dass du sehr wohl
etwas erreichen kannst.

DEINE STIMME ZÄHLT!

Egal wie jung du bist – du kannst dich immer für die Natur einsetzen.
Das ist manchmal nicht so einfach, aber es ist wichtig, dass du es trotzdem
tust. Hier sind ein paar Ideen, wie du anfangen kannst.

MALE EIN PLAKAT

Gestalte ein auffälliges, buntes Plakat zum
Thema Naturschutz. Das kannst du zum
Beispiel in deiner Schule aufhängen oder
an dein Fenster kleben, sodass die Leute
die Botschaft von draußen sehen können.

Hier ein paar mögliche Botschaften für
dein Plakat:

- Reduce, Reuse, Recycle!

- Plastik schadet der Umwelt – bitte Müll
  vermeiden!

- Fahrrad statt Auto!

Fallen dir noch weitere Botschaften ein,
die du auf dein Plakat schreiben könntest?
Du kannst natürlich auch mehrere Plakate gestalten.
Je bunter und auffälliger sie sind,
desto häufiger werden sie gesehen.

SETZ DICH IN DER SCHULE FÜR DEN UMWELTSCHUTZ EIN

Auch in der Schule kannst du gemeinsam mit deinen Lehrer*innen und Mitschüler*innen viele Dinge tun, um der Natur zu helfen:

- eine Umweltschutz-AG gründen
- Möglichkeiten für Recycling finden
- in der Schulkantine einen fleischfreien Tag einführen
- auf dem Schulhof eine Naturschutz-Ecke anlegen
- einen Schulgarten anlegen, in dem ihr Gemüse für eure Schulkantine anbauen könnt

Mit anderen über die Natur zu sprechen und gemeinsam nach Wegen zu suchen, wie ihr sie schützen könnt, ist sehr wichtig. Nur wenn die Menschen über die Probleme der Natur Bescheid wissen, können sie auch etwas dagegen tun.

»Meine Stimme denjenigen zu leihen, die nicht für sich selbst sprechen können, ist das Mindeste, was ich tun kann.«

Jane Goodall
Primaten-Verhaltensforscherin
und Naturschutzexpertin

SAMMLE SPENDENGELDER

Es gibt unzählige Hilfsorganisationen, die sich für den Naturschutz einsetzen. Veranstalte eine Spendenaktion, mit der du eine Organisation unterstützt, die dir am Herzen liegt. Für das Sammeln von Spendengeldern gibt es jedoch bestimmte Regeln. Informiere dich also, bevor du deine Aktion startest.

Hier einige Aktionen, die du veranstalten könntest:

- einen Spendenlauf, ein Spendenradrennen oder ein Spendenschwimmen. Pro gelaufener, gefahrener oder geschwommener Runde gibt es eine bestimmte Summe Geld.

- eine bezahlte Müllsammelaktion. Für eine bestimmte Menge an Müll wird ein bestimmter Geldbetrag gezahlt. Solche Aktionen sind gleich doppelt nützlich – die Natur wird gesäubert, und es werden Spendengelder gesammelt.

- Veranstaltet einen Kuchenbasar oder einen Flohmarkt und spendet den Erlös.

- Du könntest auch für ein bisschen Geld deinen Nachbarn helfen. Vielleicht kannst du ihren Hund ausführen, für sie einkaufen oder ihnen im Haushalt helfen.

»Wir alle tragen Verantwortung für unseren Blauen Planeten. Die Zukunft der Menschheit und des gesamten Lebens auf der Erde hängt von uns ab.«

Sir David Attenborough
Tierfilmer, Naturforscher und Schriftsteller

MUßE

Was ist das Leben, wenn wir nie stillstehen
und all die Schönheit um uns her nicht sehen?
Wir haben keine Zeit, zu schauen auf die Welt,
aufs Blau des Himmels, auf ein grünes Feld.
Wir haben keine Zeit, um in des Waldes Ecken
die Eichhörnchen zu sehen, die Nüsse verstecken.
Wir haben keine Zeit für muntrer Flüsse Funkeln
noch für das Aufblitzen der Sterne tief im Dunkeln.
Wir haben keine Zeit, der Schönheit Glanz
auf ihren Wangen zu bewundern, wenn sie tanzt.
Dem Lächeln dann zu folgen, wenn es federleicht,
dem Aug' entsprungen, ihren Mund erreicht.
Ein armes Leben ist es, wenn wir stets uns sorgen,
statt all die Schönheit zu betrachten, die verborgen.

W. H. Davies

ECHTE NATUR-HELD*INNEN

Kein Mensch kann unsere Erde allein retten, aber jeder Mensch kann in seinem Alltag einiges für den Naturschutz tun. Diese jungen Menschen entdeckten in ihrem eigenen Umfeld Probleme und fanden Lösungen dafür. Das macht sie zu echten Natur-Held*innen.

GRETA THUNBERG

Schon als Teenager wollte Greta etwas gegen den Klimawandel tun. Ganz allein stellte sie sich jeden Freitag mit einem Protestplakat vor das schwedische Regierungsgebäude, statt in die Schule zu gehen. Mit der Zeit wurden immer mehr Leute auf ihre Aktion aufmerksam und schlossen sich ihr an. Inzwischen ist Greta als Gründerin von *Fridays for Future* berühmt – einer Protestaktion für den Umweltschutz, an der sich Menschen auf der ganzen Welt beteiligen. Greta hat in den letzten Jahren außerdem mit vielen einflussreichen Personen weltweit darüber gesprochen, wie die Menschheit den Planeten zerstört und was man dagegen tun muss.

»Ich habe festgestellt, dass man nie zu klein ist, um etwas zu bewirken.«

Greta Thunberg
Klimaaktivistin

LESEIN MUTUNKEI

ist ebenfalls ein echter Naturfreund. Mit elf Jahren erfuhr er, dass in seinem Heimatland Kenia immer mehr Bäume abgeholzt wurden, und entschied sich, etwas dagegen zu unternehmen. Als leidenschaftlicher Fußballspieler beschloss er, für jedes Tor, das er schoss, elf Bäume zu pflanzen. Später gründete er die Initiative *Trees4Goals*, bei der er Fußballturniere und anschließende Baumpflanzaktionen organisiert. Hast du vielleicht auch ein Hobby, das du nutzen könntest, um dich für den Umweltschutz einzusetzen?

LILLY PLATT

Lilly Platt zog mit sieben Jahren von Großbritannien in die Niederlande. Als sie dort eines Tages mit ihrem Großvater in einem Park spazieren ging, fing sie an, Müll aufzulesen und ihn zu zählen, um die niederländischen Zahlen zu üben. Innerhalb von zehn Minuten hatte sie 91 Müll-Teile gesammelt. Davon war Lilly so geschockt, dass sie beschloss, weiter regelmäßig Müll aufzulesen und ihre Ergebnisse auf Social Media zu teilen. Inzwischen hat Lilly schon über 100 000 Plastikmüll-Teile eingesammelt, organisiert Gruppensammelaktionen und hält Vorträge an Schulen, um andere über die Umweltverschmutzung durch Müll zu informieren.

AMY UND ELLA MEEK

Die beiden Schwestern Amy und Ella Meek haben die Organisation *Kids Against Plastic* (Englisch für *Kinder gegen Plastik*) gegründet, um auf das Problem der Umweltverschmutzung durch Kunststoffe aufmerksam zu machen und auch andere Kinder dazu zu ermuntern, selbst Müll zu sammeln. Außerdem arbeiten sie mit Supermärkten zusammen, um dort umweltfreundliche Verpackungen anstelle von Plastik einzuführen. Bisher haben sie mehr als 60 000 Teile Plastikmüll eingesammelt – und sind noch lange nicht fertig.

EINE FREUNDIN
IN DER NATUR FINDEN

Wenn du die Ideen und Tipps in diesem Buch umsetzt, um
die Natur kennenzulernen und ihr zu helfen, habt ihr eine
wunderbare Freundschaft miteinander geschlossen! Und das Tolle ist,
dass Freundschaft nicht nur in eine Richtung funktioniert.
Wenn du viel Zeit draußen verbringst und auf all die wunderbaren
Dinge achtest, die um dich herum passieren, wirst du bald bemerken,
dass die Natur dir auch ganz viel zurückgibt.

Wenn du gestresst, ängstlich oder traurig bist, kann dir die Natur
einen ruhigen Ort bieten, an dem du nachdenken und wieder
zur Ruhe kommen kannst. Und wenn du glücklich bist oder dich
mal austoben willst, kannst du auch das in der Natur machen.
Die Natur kann nie genug Freund*innen haben.
Sie hat immer Zeit für dich und
ist immer für dich da.

EIN ORT ZUM DENKEN, EIN ORT ZUM FÜHLEN

Hast du auch manchmal so viele Gefühle in dir, dass du sie unbedingt rauslassen musst, weil du sonst explodierst? Oder brauchst du vielleicht einen Ort zum Nachdenken? Die Natur ist eine gute Zuhörerin – hier kannst du vor Freude laut jubeln oder dir eine ruhige Ecke suchen und in dich hineinhören. Du kannst ganz mucksmäuschenstill die vielen kleinen Wunder um dich herum beobachten oder herumstromern und die Pflanzen- und Tierwelt erforschen.

»Denk immer daran: Die Erde liebt es, deine nackten Füße zu spüren, und der Wind sehnt sich danach, mit deinem Haar zu spielen.«

Khalil Gibran
Dichter und Philosoph

NATURMEDITATION

1. Finde einen Ort in der Natur, an dem du dich ruhig und geborgen fühlst. Das kann eine Waldlichtung sein, ein Stück Rasen im Park oder auch dein eigener Garten.

»Bei jedem Spaziergang durch die Natur bekommt man mehr geschenkt, als man gesucht hat.«

John Muir
Naturforscher

2. Setz dich im Schneidersitz aufrecht hin und lege die Hände locker auf die Knie. Wenn du so nicht sitzen kannst, finde eine andere Position, die für dich bequem ist.

3. Mach die Augen zu und atme langsam und tief durch die Nase ein. Dann lass den Atem durch den Mund langsam wieder hinausfließen. Ein … und aus … und ein … und aus …

4. Lausche dabei den Geräuschen der Natur. Was hörst du? Vogelgezwitscher, das Rauschen des Windes, das Rascheln der Blätter …? Die Natur ist überall um dich herum, und du bist ein Teil von ihr.

5. Spüre, wie sich deine Lunge bei jedem Atemzug mit frischer Luft füllt. Achte auf die Gerüche um dich herum. Riechst du vielleicht frisch gemähtes Gras, Blumen, Herbstlaub oder Regentropfen auf trockenem Boden?

6. Stell dir vor, all deine Probleme und Sorgen sind Schmetterlinge, die auf deinen Schultern sitzen. Lass sie nun mit jedem tiefen Atemzug davonflattern.

EINE NACHT IN DER NATUR

Die Natur zu genießen, ist am schönsten, wenn man so viel Zeit wie möglich draußen verbringt, am besten mit Menschen, die man gernhat. Je mehr Zeit man in der Natur verbringt, desto stärker fühlt man sich mit ihr verbunden. Wie wär's also mal mit einer Übernachtung in der Natur?

Lass dich auch von etwas Regen nicht vom Campen abhalten! Es kann sogar richtig kuschelig sein, sich im trockenen Zelt einzumummeln und den Regentropfen zu lauschen, die von außen auf die Zeltwand trommeln.

3. Kuschelt euch zusammen ins warme Campingbett. Lasst den Zelteingang am Anfang noch offen, damit ihr nach draußen schauen könnt. Und dann seid ganz still. Was hört ihr? Wonach duftet die Nacht? Entdeckt ihr nachtaktive Tiere, die um euer Zelt herumhuschen? Ist der Mond am Himmel zu sehen?

4. Zieht vor dem Schlafengehen den Reißverschluss zu, kuschelt euch ein und erzählt euch reihum, was euch am Draußenschlafen besonders gut gefällt. Oder denkt euch gemeinsam eine Geschichte aus.

1. Baut das Zelt gemeinsam auf und legt Isomatten und Schlafsäcke oder warme Bettdecken hinein. Nachts kann es draußen nämlich ziemlich kalt werden! Und vergesst eure Taschenlampen nicht.

2. Wenn ihr einen Campingkocher oder einen Grill habt, könnt ihr euer Abendessen draußen zubereiten. Findest du, dass draußen gekochtes Essen anders schmeckt?

Top-Tipp

Wenn ihr selbst kein Zelt habt, fragt erst in der Familie und im Freundeskreis nach, ob ihr euch eins ausleihen könnt. Sachen zu teilen ist viel umweltfreundlicher, als ständig alles neu zu kaufen.

»Man beschützt nur das, was einem am Herzen liegt; und es kann einem nur das am Herzen liegen, was man mit allen Sinnen selbst erlebt hat.«

Sir David Attenborough
Tierfilmer, Naturforscher
und Schriftsteller

NATUR-YOGA

Weißt du noch? Du bist ein Teil der Natur. Aus ihr kannst du Ruhe und
Energie schöpfen, zum Beispiel mit diesen Natur-Yoga-Übungen.
Nimm eine Matte oder eine Decke mit in die Natur und stell dir bei den
Übungen vor, du wärst ein Tier oder eine Pflanze.

SAMENKORN

Rolle dich ganz eng zusammen,
wie ein Samenkorn. Spürst du die
Kraft, die in dir steckt und die dich
wachsen lässt?

TAUBE

Stell dich auf ein Bein und strecke das andere nach hinten. Lege beide Arme flach an
deinen Körper und stell dir vor, du bist eine
Taube, die sich vom Wind tragen lässt und
am blauen Himmel schwebt.

BAUM

Stell dich aufrecht hin und balanciere auf
einem Bein, den anderen Fuß an die Innen-
seite des Standbeins gestemmt. Stell dir vor,
du bist ein starker Baum, dessen Wurzeln
bis tief ins Erdreich hineinreichen und dich
aufrecht halten.

KATZE

Geh auf alle viere und mach einen
Buckel. Stell dir vor, du bist eine
wilde Raubkatze, die durch den
Wald streift.

HUND

Geh auf alle viere, aber lass dabei die Arme und Beine gerade, sodass dein Popo nach oben in die Luft ragt. Du bist ein Hund, der sich nach einem langen Schläfchen reckt und streckt.

SCHLANGE

Leg dich flach auf den Bauch, stell deine Fußspitzen auf und drück deinen Oberkörper vom Boden hoch. Schau dabei nach oben. Du bist eine Schlange, die sich sonnt.

KRÖTE

Geh in die Hocke, die Hände vor dir auf den Boden gestemmt. Stell dir vor, du bist eine Kröte, die an einem kühlen, stillen Teich sitzt und auf ein vorbeifliegendes Insekt lauert.

ERDE

Leg dich flach auf den Rücken und lass die Arme und Beine ganz locker. Atme langsam ein und aus. Schließ die Augen und spüre, was in dir und um dich herum passiert.

»Ich gehe in die Natur, um Ruhe und Trost zu finden und all meine Sinne zu ordnen.«

John Burrough
Naturforscher

SUCH DIR EINEN EIGENEN NATUR-UNTERSCHLUPF

Mach dich auf die Suche nach einem ganz besonderen Platz in deiner Nähe, an dem du dich wohlfühlst und an den du dich zurückziehen kannst. Das kann ein Ort in deinem Garten, in einem Park, auf deinem Balkon, in einem Wald oder sonst wo in der Natur sein. Vielleicht findest du deinen Lieblingsplatz unter einem besonders schönen Baum oder auf einer Bank mit einem besonders tollen Ausblick. Gib deinem Lieblingsplatz einen Namen. Von nun an kannst du immer, wenn du einen stillen Moment für dich allein brauchst, hierherkommen.

BEOBACHTE DIE JAHRESZEITEN

Genau wie du ändert sich auch die Natur ständig. Achte darauf, wie sich die Landschaft, die Pflanzen und die Tiere im Lauf der Jahreszeiten verändern. Selbst im Winter, wenn es kalt und feucht ist, gibt es draußen viele tolle Dinge zu erleben. Spring doch mal in eine Pfütze oder lass eine Schneeflocke auf deiner Zunge schmelzen. Im Sommer spürst du dafür die Sonnenstrahlen auf deiner Haut und lässt dir eine warme Brise um die Nase wehen. Oder du läufst mit nackten Füßen durchs weiche Gras. Versuche alles zu genießen, was die Natur zu bieten hat.

MACH EINEN SORGEN-SPAZIERGANG

Jeder Mensch hat manchmal Ängste oder Sorgen. Vielleicht passieren bei dir zu Hause oder in der Schule gerade große Veränderungen, und du weißt noch nicht genau, wie du damit umgehen sollst? Egal was dich bedrückt, geh einfach mal mit jemandem, dem du vertraust, in der Natur spazieren. Das mag vielleicht komisch klingen, aber Spazierengehen hilft beim Nachdenken, und Zeit in der Natur zu verbringen lässt uns zur Ruhe kommen und neue Energie finden. Du kannst deiner Begleitperson von deinen Problemen erzählen und dich mit ihr dazu austauschen. Vielleicht kann die Person dir helfen, Lösungen zu finden oder mit der Situation besser umzugehen. Manchmal reicht es sogar schon, die Ängste einfach auszusprechen. Bei einem Sorgen-Spaziergang muss man auch nicht die ganze Zeit reden. Man kann auch einfach nur gemütlich nebeneinander hergehen und die Natur um sich herum genießen.

GEH HIN

Wenn tausend wirre Gedanken
in deinem Kopf brodeln und schäumen –
geh zu den Bäumen,
geh zu den Bäumen.

Wenn du ihn nicht mehr erträgst,
den vielen Stress und den Krach –
geh zum Bach,
geh zum Bach.

Wenn du dich ins Gras legen willst,
um still in den Himmel zu schauen –
geh zu den Auen,
geh zu den Auen.

Wenn du einfach losrennen willst,
den Wind und die Freiheit genießen –
geh zu den Wiesen,
geh zu den Wiesen.

Wenn dir vor lauter Langeweile
die Decke auf den Kopf fällt im Haus –
geh einfach raus,
geh einfach raus.

Geh an die Luft und freue dich –
die Natur ist immer da für dich.

Laura Knowles

HIER FINDEST DU WEITERE INFORMATIONEN ZUM THEMA NATURSCHUTZ

NATURDETEKTIVE DES BFN

naturdetektive.bfn.de

Die Naturdetektive ist eine Initiative des Bundesamts für Naturschutz (BfN). Auf ihrer Internetseite findest du zum Beispiel ein Lexikon mit vielen Informationen über verschiedene Tiere und Pflanzen, aber auch über Lebensräume, biologische Vielfalt und Naturschutz. Außerdem gibt es jeden Monat einen Detektivauftrag in der Natur.

NAJU

www.najuversum.de

NAJU steht für Naturschutzjugend und ist die Kinder- und Jugendorganisation des Naturschutzbundes, kurz NABU. In über 1000 Gruppen in ganz Deutschland erforschen Kinder die Natur vor ihrer Haustür und setzen sich dafür ein, dass sie geschützt wird.

BUND

www.bund.net/bund-tipps/natur-erfahren/umweltbildung/kinder

Der BUND e. V. ist der Bund für Umwelt und Naturschutz Deutschland, in dem sich viele Menschen für die Natur engagieren. Und auch für Kinder haben sie eine Seite mit Informationen und Mitmachangeboten.

GREENPEACE

www.greenpeace.de/engagieren/kids

Greenpeace ist ebenfalls eine große Naturschutzorganisation. Auf ihrer Website findest du weitere Informationen und Aktionen rund um das Thema Natur- und Umweltschutz.